LE DRAGON DE THIONVILLE,

FAIT HISTORIQUE
EN UN ACTE, ET EN PROSE;

PAR M. DUMANIANT.

Représenté, pour la première fois, à Paris, sur le Théâtre du Palais-Royal, le 26 Juillet 1786.

On ne sçauroit trop publier les belles actions : leur récit console les bons, corrige quelquefois les méchants, & fait aimer la vertu à tout le monde.

Le Dragon de Thionville, Scène dernière.

Le prix est de 1 liv. 4 sols.

A PARIS,

Chez CAILLEAU, Imprimeur-Libraire, rue Galande, N°. 64.

M. DCC. LXXXVI.

PRÉFACE.

EXTRAIT du *Journal de Paris*, du 14 Juillet 1786.

UN Dragon, nommé *Bonneſſere* (1), ſervant dans le Régiment de Ségur, s'étoit attaché depuis quelque temps, à Thionville, à un vieux Chevalier de Saint Louis, retiré, infirme, privé de la vue, perſécuté de plus par une femme barbare, qui, ſéparée de lui, vouloit le forcer à lui payer une ſomme modique qu'il n'avoit pu acquitter ſur une penſion de 1200 liv., ſeul bien qu'il poſſédoit. Cette femme ayant pouſſé la dureté juſqu'à obtenir de le faire traîner en priſon, ſans reſpecter ſon âge & ſes infirmités, le Dragon ne put ſoutenir ce ſpectacle; il demande un inſtant de grace aux Huiſſiers, court chez ſon Capitaine, ſe rengage pour huit ans, ſatisfait la Juſtice par l'argent de ſon rengagement, & rachette, au prix de ſa liberté, celle du Vieillard qu'il révère. M. le Vicomte de Ségur, Colonel de ce Régiment, inſtruit de ce trait de nobleſſe & de généroſité, a ordonné que l'on reçut ſur le champ ce Dragon bas Officier, & lui a promis que, ſi dans le cours des huit années de ſon nouvel engagement il deſiroit ſon congé, il l'obtiendroit ſans même payer le prix de l'Ordonnance. Le Dragon a pouſſé la délicateſſe juſqu'à refuſer long-temps le grade qu'on lui propoſoit, ajoutant

(1) M. de Bonneſſerre eſt de Toulouſe.

PRÉFACE.

que sa récompense étoit dans la chose même, & qu'un bienfait divulgué perdoit tout son prix.

C'est d'après cet extrait que j'ai conçu l'idée d'arranger pour le Théâtre un trait aussi touchant. Il me paroissoit fournir des situations intéressantes, sans être obligé d'altérer les faits. Le Public m'a prouvé, par l'accueil flatteur qu'il a fait à cette production, qu'il me sçavoit gré d'avoir traité ce sujet. Je dois aussi des éloges à mes Camarades, pour le zèle, l'intelligence & la vérité avec laquelle ils ont rendu leur rôle. Il est doux pour un Auteur d'avoir à se louer de tout le monde, & il doit se faire un devoir de publier sa reconnoissance.

PERSONNAGES. ACTEURS.

UN CHEVALIER DE SAINT-LOUIS.	M. Dumaniant.
DUSINCERE, Dragon.	M. Saint-Clair.
LE COLONEL.	M. Michot.
Un Clerc de Procureur.	M. Noël.
Un Huissier.	M. Boucher.
Des Recors.	

La Scène se passe à Thionville, dans le Vestibule d'un Hôtel-Garni.

LE DRAGON DE THIONVILLE,

FAIT HISTORIQUE.

SCENE PREMIERE.

LE CHEVALIER, *seul, sortant d'une porte à droite des Spectateurs.*

Dusincere ne vient point. Son service le retient sans doute. Je sens davantage le poids de mes maux, quand je ne vois pas ce brave jeune homme ; quand il est près de moi, ses attentions, ses tendres soins me les font presque oublier. Abandonné de tout le monde, je n'ai plus que lui qui me console. O douce amitié, verse ton baume sur les plaies de mon cœur, & quand je ne serai plus, quand un jour mon jeune ami sera comme moi courbé sous le poids de la vieillesse & des infirmités, accorde-lui, comme à moi, un autre Dusincère qui sçache compâtir à ses peines & les soulager.

SCENE II.

LE CHEVALIER, UN CLERC DE PROCUREUR.

LE CLERC.

Monsieur, je viens sçavoir si vous voulez acquitter la lettre de change que vous avez contractée envers votre épouse.

LE CHEVALIER.

Mon épouse !..... Une furie !..... Ne lui donnez jamais un nom qu'elle déshonore.

LE CLERC.

Je viens sçavoir, Monsieur, si vos fonds sont arrivés.

LE CHEVALIER.

Non, Monsieur, ma pension ne me sera payée que dans un mois, & alors je ferai honneur à cette dette.

LE CLERC.

Je suis chargé de vous dire que l'on ne peut vous accorder le moindre délai.

LE CHEVALIER.

Elle sçait quelles sont mes ressources. Toute méchante qu'elle est, elle rend justice à ma probité, à mon exactitude à remplir mes engagements. Elle ne doit point douter que je ne la satisfasse, & que le premier usage que je ferai de ma pension sera

d'acquitter cette dette toute injuste qu'elle est, mais sacrée pour moi, puisque je l'ai consentie.
Le Clerc.
Pardonnez, Monsieur le Chevalier, au triste ministère que je suis obligé de remplir. J'ai ordre de vous annoncer que, si vous ne payez ce matin même, on mettra à exécution la Sentence obtenue contre vous.
Le Chevalier.
Elle n'oseroit.
Le Clerc.
Je vous dirai plus. Par mes sollicitations, j'ai suspendu jusqu'à ce moment l'effet de ses poursuites.
Le Chevalier.
Dites plutôt de sa haine.
Le Clerc.
Tâchez de faire un effort.
Le Chevalier.
Eh bien! Monsieur, qu'elle agisse, qu'elle porte au comble les indignités dont elle m'a accablé sans relâche depuis le jour malheureux où j'unis ma destinée à la sienne. J'ai mérité mon sort, puisque je n'ai pas sçu la connoître & démêler son ame à travers ses caresses perfides. On verra une femme implacable faire traîner dans le séjour du crime un vieillard couvert de cicatrices qu'ont en vain respecté & la guerre & les ans. Elle jouira de sa noirceur, mais les honnêtes gens qu'elle abuse me plaindront sans doute un jour. Leur mépris tombera sur sa tête coupable ; elle sera flétrie, abandonnée, ou,

si les hommes l'épargnent, croyez qu'elle n'échappera pas à la vengeance du Ciel, souvent lente, mais toujours sûre. Croyez qu'elle en sera punie, il ne permet pas que les méchants prospèrent.

LE CLERC.

Vous me déchirez, Monsieur le Chevalier. Je ne puis rien par moi même ; mais je retourne auprès de votre femme, & peut-être serai je assez heureux pour la faire changer de résolution & vous faire obtenir le délai que vous demandez.

SCENE III.

LE CHEVALIER, seul.

Poursuis, poursuis, femme cruelle ! Mais quel crime ai-je commis envers toi ? Je t'aimois comme un ami, comme un père. J'ai vu tes dérangemens, je t'ai avertie, comme je le devois ; mes plaintes trop tendres ont achevé d'aigrir ton cœur, au lieu de le ramener. Tu m'as quitté, après m'avoir rendu malheureux. Tu as exigé la plus grande partie du fruit de mes travaux. Je t'ai tout accordé, & tu n'es pas contente !.... Que te faut il, Barbare ? ma vie ? Prends-la ; je la perdrai sans peine. En détruisant l'illusion qui me fit croire que tu m'aimois, tu as isolé mon cœur, tu m'as laissé seul errant sur les bords de ma tombe : elle s'ouvroit, mes maux alloient finir, lorsqu'un jeune étranger vient sécher mes larmes. Ah ! laisse-moi jouir un instant des douceurs de l'amitié ; n'ai-je pas acheté ce moment de bonheur par des siècles de tourmens & de peines ?

CENE IV.

DUSINCERE, LE CHEVALIER.

DUSINCÈRE, *Il sort par la porte à gauche des spectateurs en face de celle du Chevalier.*

Bon jour, Monsieur le Chevalier.
LE CHEVALIER.
Ah! vous voilà, mon cher Dusincère. Je pensois à vous dans le moment. Vous étiez dans la maison?
DUSINCERE
Je descends de chez mon Colonel. Il m'a parlé beaucoup de vous. Il est fâché que logeant dans le même corps de logis, vous ne vous soyez pas présenté chez lui.
LE CHEVALIER.
Mon cher ami, ce n'est point à mon âge qu'il convient d'aller dans les sociétés brillantes. Un homme de mon caractère y seroit déplacé; je ne puis plus y apporter cette gaîté nécessaire dans le commerce du monde.
DUSINCERE.
Vous ne connoissez pas mon Colonel. Ce n'est point un de ces étourdis du jour, qui ne viennent dans leur garnison que pour y afficher un vain luxe. C'est un brave Officier qui fait aimer le service par sa douceur, & qui, par son exemple, engage tout le monde à être exact à son devoir. Il respecte sur-

tout les vieux militaires, & fachant qui vous êtes, je fuis perfuadé qu'il fera le premier à vous prévenir.

LE CHEVALIER.

Je ne fuis point un Mifantrope, mon ami, mes malheurs m'ont fait fuir les hommes, fans m'engager à les haïr. Je ne me déroberai point à fes honnêtetés. Je ferai même enchanté de le connoître, & fi votre deffein étoit de refter au fervice, je pourrois alors folliciter votre avancement; vous êtes trop timide & trop modefte pour l'ofer vous-même, & rien ne m'empêchera de parler pour mon ami.

DUSINCERE.

Ah! Monfieur le Chevalier, vous ne vous occupez que de moi, quand vous ne devriez fonger qu'à vous. Toutes nos converfations roulent fur le même fujet.

LE CHEVALIER.

C'eft bien plutôt vous, digne jeune homme, qui ne fongez qu'à adoucir mes peines. Je ne le cache pas, fans vous, j'y aurois fuccombé. La reconnoiffance n'eft point un poids pour mon cœur, elle eft un plaifir. Sans amis, fans parens, accablé d'infirmités, je n'attendois que la mort; vous avez paru, & j'ai fenti que l'amitié pouvoit encore me faire aimer la vie. Un inftinct fecret me fit répondre à vos premières honnêtetés, votre phyfionomie infpiroit la confiance, & votre bon cœur tient tout ce que promet votre abord. Vous renoncez aux amufemens de votre âge, pour paffer vos jours auprès d'un pauvre viellard qui ne peut pas vous dédommager des plaifirs que vous abandonnez pour lui.

FAIT HISTORIQUE.

DUSINCERE.

Ah! Monsieur le Chevalier, que ne vous dois-je pas pour la bonté que vous avez de me recevoir chez vous! Ce sont vos sages leçons qui forment mon cœur, qui m'instruisent des vrais devoirs d'un Militaire. Vous m'avez appris à connoître ce que c'est que la bravoure, vous m'avez appris à estimer mon état, vous m'avez rendu fier du simple titre de Dragon, enfin, vous m'avez rendu homme, soldat & citoyen, & si je jouis de quelque estime parmi mes camarades, je la dois au titre de votre ami.

LE CHEVALIER.

Bon jeune homme! Le ciel vous récompensera de votre humanité. Vous prospérerez sans doute. Hélas! les vieillards sans fortune sont souvent abandonnés sur la terre. Leur aspect fatigue, leur conversation ennuie, on détourne les yeux du tableau de leur infortune; ils ont survécu à leurs amis, à leurs connoissances..... Et ils ne voyent plus autour d'eux que des indifférens qui les méprisent, ou qui souvent les rebutent avec dureté.

DUSINCERE.

Tout le monde ne pense pas ainsi, Monsieur le Chevalier, je connois des cœurs droits qui se font un devoir d'aimer les vieillards, de les chercher, de leur épargner des peines, mais il n'y a pas de mérite à cela, il ne faut que n'être pas méchant. Dieu imprime sur le front des vieillards un caractère sacré qui nous force au respect. Plus ils sont foibles, plus nos secours leurs sont nécessaires, & plus nous devons les leur prodiguer. Ah! Cela n'a pas besoin d'être recommandé, la nature nous l'indique & le plaisir de les soulager est une si douce récompense, il remplit l'ame d'émotions si délicieuses qu'on leur doit encore de la reconnoissance, quand ils acceptent nos services.

LE CHEVALIER.

Vous me faites sentir tout le prix de votre amitié. Hélas! il ne me reste plus que vous, & vous me quitterez bientôt.

DUSINCERE.

Jamais, Monsieur le Chevalier, jamais.

LE CHEVALIER.

Votre congé est sur le point d'expirer, vous ne resterez pas à Thionville : votre dessein n'est pas de vous rengager.

DUSINCERE.

Non. Mon Colonel a fait ce matin tout ce qu'il a pu pour m'y déterminer; mais j'ai chez moi un père à qui je puis être utile, & une maîtresse à qui j'ai promis de revenir.

LE CHEVALIER.

Il est juste que vous le préfériez.

DUSINCERE.

Que je les préfère, & que j'abandonne mon digne, mon respectable ami ? que je vous abandonne, vous, à qui je dois des sentimens qui m'honorent! vous, qui m'avez rendu ce que je suis! Tenez, voilà mon projet. Dès que mon congé sera expiré, je viendrai vous trouver un matin: je vous dirai, je suis libre, Monsieur le Chevalier, je retourne auprès de mon père & de ma Louise que j'aime bien. Partez avec moi, rien ne vous retient ici, vous n'avez plus ni parens, ni amis, vous pouvez toucher votre pension par-tout. Venez trouver une nouvelle famille à qui vous serez bien cher, & au lieu d'un cœur qui vous aime, vous en aurez alors trois qui seront uniquement occupés de votre bonheur.

Le Chevalier.

Brave jeune homme! Votre amitié me touche au point.....

Dusincere.

Vous pleurez?

Le Chevalier.

Laisse-les couler ces larmes délicieuses, ces larmes du sentiment. Elles viennent de là. (*Montrant son cœur.*) il y a déjà longtems que la source en étoit tarie. Ah! trop de bonheur m'attendoit à la fin de ma carrière. O Dieu! Combien vous me payez de tous les maux que j'ai soufferts! Oui, je vous suivrai, oui, ma patrie sera partout où nous serons ensemble. Mais, mon cher Dusincère, votre amitié vous aveugle. Croyez-vous que votre père vit arriver avec plaisir un étranger dans sa maison?

Dusincere.

Il est mon père.... un bon père.

Le Chevalier.

Vos sentimens sont son éloge.

Dusincere.

Il n'est pas riche, mais malgré sa modicité, il a

encore le bonheur de rendre des services à des amis moins fortunés que lui. Mon père vous aimera, vous l'aimerez aussi, vous pensez l'un comme l'autre, & quand à ma Louise, je connois son cœur, il me semble la voir vous caresser, vous appeller son père, vous rendre ces soins touchants à qui la main de l'innocence donne un prix plus doux encore. Comme nous serons heureux, Monsieur le Chevalier! Ah! si le bonheur existe sur la terre, ma maison en deviendra le temple.

Le Chevalier.

Et vous êtes bien sûr des sentimens & du cœur de votre Louise?

Dusincere.

Si j'en suis sûr! ah! quand vous la connoîtrez, vous penserez comme moi. Née dans une condition simple, mais honnête, on la prendroit pour une personne d'un rang distingué. Elle prête aux plus légers détails des charmes inexprimables. Quand j'etois auprès d'elle, je me plaisois souvent à l'interroger, pour avoir le plaisir de l'entendre : elle a de l'esprit sans prétention ; on aime à voir que tout ce qu'elle dit part de son cœur. Elle parle des malheureux avec ce tendre intérêt qui dispose à la bienfaisance. Qu'il arrive un léger accident à quelqu'un, elle ne court point, elle vole. Aussi elle est chère à tout le monde. Il m'est impossible de vous exprimer combien elle me l'est à moi. Avec quelle impatience j'attends le terme qui doit nous réunir! Tenez, il y a trois ans que je ne l'ai vue & qu'elle ne m'a écrit, quoique j'aie souvent de ses nouvelles ; mais je suis certain qu'elle pense

FAIT HISTORIQUE.

toujours à moi; & je l'aime autant, son image m'est aussi présente que si je venois de la quitter à l'instant.

LE CHEVALIER.

Vous serez heureux, vous méritez de l'être : oui, c'est quand on est jeune l'un & l'autre, c'est quand les ames & les âges sont assortis qu'il convient de former ces nœuds d'où dépend le bonheur de la vie entière. Ah! qu'il est cruel de s'être trompé dans son choix ! & quels regrets amers en sont le fruit ! Qui jamais l'éprouva plus cruellement que moi ?

DUSINCERE.

Vous, Monsieur le Chevalier !

LE CHEVALIER.

Attaché à mon état par devoir & par sentiment, je ne pus dans ma jeunesse lier mon sort à celle à qui j'avois donné mon cœur. Un autre la posseda, je quittai le service avec un revenu modique & une pension de 1100 liv. Sans parens, sans amis, la solitude qui m'environnoit, m'effraya. Dans l'espoir de me former une société agréable, de me donner une compagne qui m'aida à supporter les maux qui alloient bientôt m'assaillir, je m'unis à une jeune personne sans fortune à qui j'assurois une existence honnête. Si je ne me flattai point d'inspirer de l'amour, je crus que je pourrois du moins obtenir l'amitié de celle pour qui je faisois tout. Je ne tardai pas à m'appercevoir qu'un sordide intérêt l'avoit guidée. J'opposai longtems la patience aux outrages les plus cruels, enfin je fis entendre la voix d'un ami qui conseille ; mais en vain, je voulus la ramener par la douceur. Son caractère violent acheva de s'enflâmer, sa fureur ne connut plus de bornes, elle s'oublia jusqu'à porter sur moi ses mains criminelles, & je n'obtins une ombre de paix qu'en me séparant d'elle & en lui cédant les deux tiers de la pension honorable que mon maître m'accorda pour prix de mes services.

DUSINCERE.

Ah! Monsieur le Chevalier, quel tableau! Et il existe des cœurs aussi bas?

LE CHEVALIER.

Elle exige le payement d'une lettre de change déjà échue. J'ai signé sans trop prendre garde que le terme de l'échéance arrivoit avant le payement de ma pension. Hélas! les cœurs droits ne soupçonnent point qu'on cherche à leur tendre des pièges; mais elle savoit bien, elle, qu'en me faisant signer de la sorte, elle acquéroit le droit cruel de me faire de nouveaux chagrins.

SCENE V.

DUSINCERE, LE CHEVALIER, UN HUISSIER, DES RECORDS.

(L'Huissier entre par le fond, & se place entre le Dragon & le Chevalier.)

LE CHEVALIER.

Que veulent ces gens-ci? Que demandez-vous?

L'HUISSIER.

C'est vous que nous cherchons.

LE CHEVALIER.

LE CHEVALIER.

Pourquoi ?

L'HUISSIER.

Je suis, sauf votre respect, porteur d'une lettre de change consentie par vous au profit de Damoiselle Isabeau Durocher, votre épouse, laquelle lettre de change a été protestée à défaut de paiement, &, vu le protêt, a été obtenu par ladite Damoiselle Isabeau Durocher une Sentence par corps dont je vous signifie copie, avec injonction de me suivre, si mieux n'aimez payer la susdite lettre de change & les frais, dont le mémoire fait partie des pièces desquelles je puis pareillement vous bailler communication.

LE CHEVALIER.

Monsieur, je vous prie de vous expliquer plus clairement.

L'HUISSIER.

Je vois bien que Monsieur n'est pas encore au fait des affaires, mais on l'y mettra.

DUSINCERE, à l'Huissier.

Pas de verbiage. Au fait. Que voulez-vous ? De l'argent ? Monsieur le Chevalier n'en a pas à vous donner dans ce moment-ci.

LE CHEVALIER.

J'ai dit à la personne qui est déjà venue ce matin, pour cet effet, que je paierois dans un mois.

L'HUISSIER.

C'est dans cet instant même qu'il faut me satisfaire.

B

DUSINCERE, *d'un ton dur.*

Monsieur le Chevalier vous dit qu'il vous paiera dans un mois, ce terme est assez prochain & la parole de Monsieur doit suffire.

L'HUISSIER.

Bah ! bah ! les affaires ne se font point avec des paroles.

DUSINCERE.

Vous osez insister ?

L'HUISSIER.

Monsieur le Dragon, mêlez-vous de vos affaires. Voulez-vous payer pour Monsieur ? Avez-vous quatre cent livres à compter ?

LE CHEVALIER, *vivement.*

Je n'en dois que trois cent.

L'HUISSIER.

Et les frais donc ? Pensez-vous que le Procureur les ait fait gratis ? Et le protêt, le lever de la Sentence, la capture ? Vous imaginez-vous que mes gens & moi irons nous déranger pour rien ? Mais je perds mon temps ici ; me payez-vous Monsieur le Chevalier ?

LE CHEVALIER.

Non.

L'HUISSIER.

En ce cas, suivez-moi.

LE CHEVALIER.

Où vous suivre ?

L'HUISSIER.

Mais en prison, peut-être.

DUSINCERE.

En prison ! Vous oseriez ?.....

L'HUISSIER.

Oh ! ce n'est pas le premier. J'ai eu l'honneur d'y conduire des Marquis, des Comtes, des Barons, & bien d'autres encore. Marchez, Monsieur, marchez.

DUSINCERE, *avec chaleur.*

Arrêtez. Si l'un de vous est assez osé pour mettre la main sur ce brave Militaire, il paiera cette témérité de sa vie.

LE CHEVALIER.

Modérez-vous, mon cher ami, cette violence est inutile.

L'HUISSIER, *s'éloignant du Dragon, & faisant le grand tour pour aller à une table qui est à la gauche des Spectateurs.*

Je vais dresser mon Procès-verbal de rebellion. Monsieur le Dragon, vous apprendrez, à vos dépens, que l'on n'offense pas impunément les Membres de la Justice.

DUSINCERE, *à part.*

Que faire ? Si mon Colonel..... (*Haut à l'Huissier.*) Monsieur, ne pouvez-vous pas m'accorder quelques instants ?

LE CHEVALIER, *à l'Huissier.*

En vous donnant des nantissements pour la somme..... Il me reste quelques effets. Prenez-les. Dites à la barbare qui vous fait agir, que je me suis dépouillé de tout pour elle. Qu'elle jouisse de son triomphe, mais qu'elle tremble. Tôt ou tard je serai vengé de son inhumanité.

L'HUISSIER.

Je n'entends rien à ce galimathias.

DUSINCERE.

Barbare! Il ne vous reste donc aucun sentiment de pitié?

L'HUISSIER.

Pitié! de quoi me parlez-vous? Je ne vous entends pas.

DUSINCERE.

Accordez-nous quelques instants.

L'HUISSIER.

Autant que je puis vous deviner, vous demandez du temps. Je ne puis vous en accorder, cela m'est expressément défendu. Mais tout ce que je puis faire, c'est de procéder à l'inventaire des meubles & effets de Monsieur le Chevalier, & si j'avise qu'en les vendant de suite je puisse retirer les 300 liv., les frais loyalement dus & mon droit d'inventaire, je surseoirai pour quelques instants à l'exécution de la Sentence.

LE CHEVALIER.

C'est tout ce que j'exige.

L'HUISSIER, *regardant autour de lui.*

C'est ici votre appartement?

LE CHEVALIER, *montrant la porte à droite.*

Non. Le voilà. Daignez me suivre.

L'HUISSIER.

Oh! moi. Je ne demande qu'à obliger lorsque je le peux, sans déroger à l'Ordonnance & que j'y trouve mon petit bénéfice.

(*Il suit avec ses Recors le Chevalier qui entre dans sa chambre.*)

SCENE VI.

DUSINCERE, *seul.*

Le dépouiller! l'entraîner en prison! Et je le souffrirois? Non. Montons chez mon Colonel. Il m'a proposé ce matin de me rengager.....

(*Il va pour entrer chez son Colonel.*)

On descend de son appartement. C'est lui..... Comment lui dire?..... Taisons-lui du moins la cause de ma demande.

SCENE VII.

LE COLONEL, DUSINCERE.

DUSINCERE, *avec la plus grande timidité.*

Mon Colonel?

LE COLONEL.

Te voilà encore?

DUSINCERE. *Il s'enhardit par gradation.*
Je montois chez vous, mon Colonel.

LE COLONEL.
Tu as l'air bien troublé.

DUSINCERE.
Je viens vous demander une grace.

LE COLONEL.
As-tu commis quelque étourderie ? Sois tranquille. On excuse une première faute, & l'habitude d'une bonne conduite fait que tu l'exageres peut-être à toi-même.

DUSINCERE.
Mon Colonel, mon cœur ne me reproche rien, & je ne me présenterois pas devant vous, si j'étois coupable d'une bassesse.

LE COLONEL.
Il y a loin d'une bassesse à une étourderie. Mais qui peut te mettre dans l'état où je te vois ? Il se passe en toi quelque chose qui n'est pas naturel, ton front n'a pas sa sérénité ordinaire.

DUSINCERE.
Pardonnez-moi, je suis tranquille.

LE COLONEL.
Tu me le dis d'un ton à me persuader le contraire. Que me veux-tu enfin ?

DUSINCERE.
Vous m'avez proposé ce matin de me rengager, j'ai refusé..... J'ai fait mes réflexions..... & je vous supplie de vouloir bien me passer mon engagement tout de suite.

FAIT HISTORIQUE.

LE COLONEL.

Tu as sans doute reçu de mauvaises nouvelles de ton pays, & ta Louise t'est sans doute infidelle ?

DUSINCERE.

Non, mon Colonel, je suis sûr de son cœur, elle m'aime toujours, ma Louise ne peut changer.

LE COLONEL.

C'est à cause d'elle cependant que tu as refusé de signer ce matin. Tu ne peux l'épouser, si tu restes au Régiment ; tu sçais bien qu'on ne souffre pas que les Soldats se marient.

DUSINCERE.

Je le sçais.

LE COLONEL.

Et tu renonces à elle ?

DUSINCERE.

Y renoncer ! Jamais, jamais. Plutôt mourir.

LE COLONEL.

Quel est ce caprice ?

DUSINCERE.

Ce n'est point un caprice. Accordez-moi ce que je vous demande.

LE COLONEL.

Reviens demain matin. Si tu es dans les mêmes dispositions, je serai enchanté de conserver au Corps un aussi bon sujet que toi.

DUSINCERE.

Demain, il seroit trop tard.

LE COLONEL.

Je ne veux point abuser d'un moment où ta tête paroît troublée.

DUSINCERE.

Non, mon Colonel, elle ne l'eſt pas. Je ſçais ce que je fais, & jamais, non, jamais je n'aurai le moindre remords de cette action. Bien loin delà, je vous bénirai tous les jours de ma vie de m'avoir accordé la faveur la plus précieuſe que je puiſſe obtenir de vous.

LE COLONEL, *après un moment de réflexion.*

Hé bien! monte chez moi. Je vais te faire paſſer ton engagement & t'en faire compter e prix.

DUSINCERE.

J'ai une autre grace, non moins eſſentielle, à obtenir de vous.

LE COLONEL.

Et quelle?

DUSINCERE.

C'eſt de vouloir porter à quatre cent livres le prix de mon engagement.

LE COLONEL, *fixant Duſincère.*

J'ai cru que l'honneur ſeul te guidoit. Un brave Soldat ne met pas de prix à ſon ſervice.

DUSINCERE.

Vous m'accablez.

LE COLONEL, *avec mépris.*

C'eſt un peu plus d'argent qui te détermine. Je perds dès ce moment toute la bonne opinion que j'avois de toi.

DU SINCERE, *avec ſenſibilité.*

Ah! mon Colonel, vous me percez le cœur par ces paroles cruelles. Moi! vendre mon ſervice!

moi céder à un peu plus d'argent! M'a-t-on connu au régiment pour une ame vile & intéressée. Ah! si vous saviez.....

LE COLONEL.

Parles, as-tu contracté quelques dettes?

DU SINCERE.

L'honneur m'impose la loi de me taire.

LE COLONEL.

Je suis fort mécontent de ce silence, & je ne puis t'accorder ce que tu exiges. (*Il va pour sortir. Du Sincère l'arrête en se jettant à ses genoux.*

DU SINCERE.

Arrêtez, mon Colonel, j'embrasse vos genoux. Je vous conjure par tout ce que vous avez de plus cher au monde de ne point fermer votre oreille à ma prière. Votre refus seroit la mort pour moi. Accordez-moi cet argent que je vous demande avec les larmes du désespoir. Cédez à ma supplication. Je suis prêt à signer un engagement pour le reste de ma vie, & si le zèle, la conduite, l'attachement à ses devoirs font les bons soldats, jamais, jamais, vous n'aurez à vous repentir de m'avoir exaucé.

LE COLONEL, *a part.*

Il y a là-dessous quelque chose d'extraordinaire. Leve-toi, je vais te donner ce que tu demandes.

DU SINCERE.

Mon Colonel, vous me rendez la vie. Hâtons-nous, tous les momens sont précieux.

LE COLONEL.

Je respecte ton secret. Suis-moi, je vais te satisfaire.

SCENE VIII.

DU SINCERE, *seul, regardant la porte de la chambre du Chevalier.*

Ils ne sont pas sortis encore. Ah! que je suis heureux! Quel beau jour! Je serai digne de mon ami. (*Il entre chez son Colonel.*)

SCENE IX.

L'HUISSIER, LE CHEVALIER, les Recors.

L'Huissier.

Impossible, Monsieur, impossible. Toutes ces guenilles que vous venez de me montrer ne valent pas 50 liv. à être vendues sur la place.

Le Chevalier.

Et vous avez ordre de me conduire en prison?

L'Huissier.

Il n'y a pas de milieu; payer ou marcher.

Le Chevalier.

Faire cette infamie à un vieux Militaire!

L'Huissier.

Monsieur le Chevalier, qui doit a tort. Mais il y a déjà une heure que nous sommes ici. Nous en avons d'autres à expédier, marchez.

Le Chevalier.

Non, je ne puis souffrir que l'on m'entraîne en plein jour.

L'Huissier.

Ça ne deshonore pas.

LE CHEVALIER.
Puisque vous ne pouvez changer mon sort, puisque vous êtes forcé d'obéir à celle qui vous envoye; accordez-moi du moins une grace qui dépend de vous, c'est d'attendre qu'il soit nuit.
L'HUISSIER.
Nous avons d'autres affaires.
LE CHEVALIER.
Vous reviendrez ce soir, alors je vous suivrai.
L'HUISSIER.
Oh bien! oui, nous vous trouverions. Comme on se fie à ces promesses!
LE CHEVALIER.
Je vous donne ma parole d'honneur.
L'HUISSIER.
Nous ne nous fions qu'à nous.
LE CHEVALIER.
Scélerat, tu m'oses insulter! vois qui je suis.
L'HUISSIER.
Nous ne prenons pas garde aux personnes. Marchez, marchez. (*Il fait un mouvement pour aller au Chevalier.*)
LE CHEVALIER.
Mon sang bouillonne. Lâches, si mon jeune ami étoit là, où si l'âge n'avoit pas affoibli mes forces, vous trembleriez de m'outrager.
L'HUISSIER. *Même jeu.*
Point de raisons, marchez.
LE CHEVALIER.
Non, vous ne m'entraînerez pas en plein jour comme un vil scélerat.
L'HUISSIER, *le saisissant au collet.*
Allons donc. Allons donc.

Le Chevalier, *le repoussant.*

Trembles, trembles. Le défespoir me donnera des forces.

L'Huissier, *aux Recors qui entraînent le Chevalier.*

A moi, camarades. Bourrez-le, s'il réfifte.

Le Chevalier.

Ah! Dieux! Grands Dieux!

SCENE X.

Les Précédens, DU SINCERE.

Du Sincere, *fortant de chez fon Colonel, & s'élançant fur les Recors qu'il écarte. De fa main gauche il tient le bras droit du Chevalier. Les Recors & l'Huiffier font à droite & à gauche.*

Ciel! Que vois-je. Perfides.

Le Chevalier.

Ah! mon ami. fans toi ils m'entraînoient.

Du Sincere.

Scélerats! fi je n'écoutois que ma jufte fureur, vous feriez déjà punis de votre infolence. C'eft ainfi, barbares, qu'à l'abri de la loi, vous vous livrez à toute votre inhumanité. Dès que le malheureux devient votre proie, vous oubliez qu'il eft homme, & vous vous vengez fur lui du jufte mépris que votre profeffion infpire. Eft-ce ainfi que l'on vous prefcrit d'exécuter les ordres dont vous êtes chargés? Des actes de juftice deviennent dans vos mains des actes de rigueur, & votre lâcheté éclate avec d'autant plus d'horreur, que vous vous faites un jeu d'accabler l'innocent & le foible d'outrages qu'il ne vous feroit pas même permis de faire essuyer aux derniers scélerats.

L'HUISSIER, *allant à la table.*
Rébellion notoire. Verbalisons, Messieurs, verbalisons.

DUSINCERE, *lui jettant un sac d'argent.*
Voilà ton argent.

L'HUISSIER, *ramassant le sac qu'il pèse dans sa main.*
Voilà les pièces. (*Il va pour denouer le sac.*)

DUSINCERE.
Sors, sors, te dis-je. Il me seroit impossible de résister plus longtems aux mouvemens d'indignation que ta présence m'inspire. (*L'Huissier sc...*)

SCENE XI.
LE CHEVALIER, DUSINCERE.
(*Dusincère court dans les bras du Chevalier qui de son côté le presse avec tendresse.*)

LE CHEVALIER.
Mon libérateur! mon ami!

DUSINCERE.
Mon père! Ah! Dieux! j'en tremble encore de colère. Les inhumains? ni votre rang, ni votre âge, rien ne pouvoit leur en imposer.

LE CHEVALIER.
Je ne puis revenir de mon saisissement. C'est par toi que je suis libre!---Mais je frémis.....Dusincère!--- Ah! Dieux! où avez vous pris cet argent?

DUSINCERE.

Vous êtes libre.

LE CHEVALIER.

Il s'élève des doutes dans mon esprit.

DUSINCERE.

N'en ayez aucun.

LE CHEVALIER.

Je veux savoir absolument.....

DUSINCERE.

Je vous l'expliquerai dans un autre tems. Ne troublez point la douce joie qui remplit tout mon cœur. Je n'ai jamais mieux senti que dans ce moment combien l'amitié est un sentiment délicieux. Le plaisir que j'éprouve est audessus de toutes les jouissances de l'amour propre & de la fortune.

LE CHEVALIER.

Je tremble, jeune homme, que vous ne soyez la victime de votre tendre attachement pour un malheureux vieillard. Je veux savoir absolument à quel prix vous avez obtenu ma liberté.

SCENE XII & derniere.

LES PRÉCÉDENS, LE COLONEL. (*Il sort de chez lui au commencement de la scène precedente & s'arrête pour écouter.*)

LE COLONEL.

Au prix de la sienne.

LE CHEVALIER.

Qu'ai-je entendu ?

DUSINCERE.

Qu'avez-vous fait, mon Colonel ?

LE COLONEL.

Brave jeune homme ! Et j'avois pu le soupçonner d'inconduite où de légèreté ! j'ai pensé cependant qu'un cœur tel que le sien ne pouvoit jamais se dégrader. Je l'ai suivi, j'ai été témoin de son dévouement, de sa générosité. Incapable de se démentir, il auroit enseveli cette action dans le silence. Le Ciel a voulu que j'en fusse le témoin & je la récompenserai.

DUSINCERE.

Non, mon Colonel, vous m'en enleveriez le prix.

LE COLONEL.

Vous avez fait votre devoir, & je ferai le mien. Je vous fais, dès cet instant, Maréchal des Logis, & je vous donne en même tems la permission d'épouser cette Louise que vous abandonniez pourtant pour sauver votre ami. Quant à votre engagement, il est annullé dès cet instant. Le service d'un homme tel que vous, doit être toujours libre. Vous resterez au corps tant que vous vous y plairez, je souhaite que vous l'honoriez en y restant long-tems attaché, & croyez que votre Colonel n'oubliera jamais de vous donner des preuves de son estime & de son amitié.

LE CHEVALIER.

O mon ami ?

LE COLONEL.

Monsieur le Chevalier, souffrez aussi que je sois votre ami. J'employerai mon crédit à vous venger de vos persécuteurs, & croyez que le tableau de vos infortunes mis sous les yeux d'un Gouvernement équitable, vous fera obtenir la justice qui vous est due.

LE CHEVALIER.

Monsieur......

LE COLONEL.

Point de remerciemens. Quoique vous puissiez jamais me devoir, (*il montre Dusincere*) voilà, voilà votre vrai bienfaiteur.

LE CHEVALIER.

Bon jeune homme ! comment pourrai-je jamais te payer de ce que tu as fait pour moi ?

DUSINCERE.

En continuant de m'aimer, en ne me parlant jamais d'une action si simple & si naturelle, qu'elle ne mérite pas vos éloges. Eh ! n'ai-je pas été trop récompensé par le plaisir qu'elle m'a procuré.

LE COLONEL.

Un trait si beau ne restera pas dans l'oubli.

DUSINCERE.

Mon Colonel !

LE COLONEL.

On ne sauroit trop publier les belles actions. Leur récit console les bons, corrige quelquefois les méchans, & fait aimer la vertu à tout le monde.

FIN.

APPROBATION.

Lu & approuvé ce 8 Août 1786. SUARD.

Vu l'Approbation, permis d'imprimer ce 9 Août 1786.
DE CROSNE.

www.ingramcontent.com/pod-product-compliance
Lightning Source LLC
Chambersburg PA
CBHW060536050426
42451CB00011B/1766